AF464650

ORDONNANCE

DU ROI,

DU 1.er MARS 1831;

SUR

LA COMPOSITION

DU

CORPS DE LA MARINE.

(*Extrait de la partie officielle du Moniteur du 6 Mars 1831.*)

A BREST,
CHEZ LEFOURNIER et DEPERIERS,
IMP.-LIBRAIRES POUR LA MARINE, RUE ROYALE, N.° 86.

1831.

Brest, Imprimerie de J.-B. Lefournier.

ORDONNANCE DU ROI

SUR LA COMPOSITION

DU CORPS DE LA MARINE.

LOUIS-PHILIPPE, Roi des Français,

Sur le rapport de notre ministre secrétaire-d'état au département de la marine et des colonies,

Nous avons ordonné et ordonnons ce qui suit:

TITRE PREMIER.

Composition du Corps de la marine.

Art. 1.er Le corps des officiers de notre marine sera composé ainsi qu'il suit :

3 Amiraux ;

10 Vice-amiraux ;

20 Contre-amiraux ;

70 Capitaines de vaisseau { 28 de 1.re classe,
42 de 2.e *idem* ;

70 Capitaines de frégate ;

90 Capitaines de corvette ;

450 Lieutenans de vaisseau ;

550 Lieutenans de frégate ;

300 Elèves. . . . . { 200 de 1.re classe,
100 de 2.e *idem* ;

2. Indépendamment du cadre d'activité établi par l'article ci-dessus, il sera formé un cadre de réserve pour les officiers-généraux.

Seront susceptibles d'y être portés :

Les vice-amiraux âgés de soixante-dix ans, qui seraient éloignés de la mer depuis quinze ans, ou ceux qui, ayant soixante-cinq ans d'age, n'auraient pas navigué depuis vingt ans ;

Les contre-amiraux âgés de soixante-cinq ans, qui seraient éloignés de la mer depuis quinze ans, ou ceux qui, ayant soixante ans d'âge, auraient cessé de naviguer depuis vingt ans.

Le nombre des vice-amiraux et des contre-amiraux compris à la fois dans les deux cadres d'activité et de réserve ne pourra dépasser 36.

Les officiers-généraux en réserve ne pourront commander à la mer : ils seront susceptibles de remplir des emplois sédentaires, quand les besoins du service l'exigeront.

3. Les capitaines de vaisseau seront seuls chargés, en temps de paix comme en temps de guerre, du commandement des vaisseaux de ligne et des frégates du premier rang.

4. Les capitaines de frégate pourront commander les frégates du second rang.

Ils commanderont, en tout temps, toutes les frégates du troisième rang, les corvettes portant vingt-quatre canons et au-dessus, et les corvettes de charges.

5. Aux capitaines de corvette sera donné le commandement de tous les bâtimens de guerre portant de dix à vingt-deux bouches à feu, de quelque espèce qu'ils soient ; celui des bombardes, des bâtimens à vapeur de grandes dimensions et de tous les transports armés en guerre.

6. Les lieutenans de vaisseau commanderont tous les bâtimens armés en guerre portant moins de dix bouches à feu, les bâtimens à vapeur de petites dimensions et les stationnaires.

7. Il ne sera plus embarqué de capitaines de frégate, comme seconds, sur les bâtimens commandés par des capitaines de vaisseau.

Les fonctions de seconds seront désormais remplies :

A bord d'un vaisseau de ligne portant le pavillon d'un officier-général, par un capitaine de corvette, qui présidera la table de l'état-major ;

A bord de tout bâtiment commandé par un officier supérieur, par un lieutenant de vaisseau ;

A bord de tout bâtiment commandé par un lieutenant de vaisseau, par un lieutenant de frégate.

8. Les lieutenans de frégate ne pourront être chargés du commandement d'un bâtiment de guerre qu'à défaut d'officiers d'un grade supérieur.

9. Les lieutenans de vaisseau ou les lieutenans de frégate qui ne seront ni embarqués ni attachés à la majorité de la marine, aux divisions ou compagnies

des équipages de ligne, ou à la direction des mouvemens du port, seront alternativement désignés par le major-général de la marine pour suivre les constructions et radoubs, ainsi que tous les travaux et opérations mécaniques de l'arsenal, afin d'être à portée d'acquérir toutes les connaissances de détail qui peuvent être utiles à un officier de la marine.

Ils seront également chargés de la surveillance du gardiennage des bâtimens désarmés.

Ils ne pourront donner aucun ordre dans les directions auxquelles ils seront temporairement attachés, tout le service devant être exclusivement dirigé par les officiers préposés à cet effet. (Art. 7, ordonnance du 31 octobre 1819.)

TITRE II.

De l'avancement des officiers.

10. Les élèves de seconde classe qui auront complété, en cette qualité, vingt mois de navigation sur les bâtimens de l'Etat, y compris leur tems de séjour à l'Ecole navale, seront nommés par nous élèves de première classe, et portés, comme tels, sur la liste générale de la marine.

Les élèves de première classe qui auront navigué sur les bâtimens de l'Etat *quarante-huit mois*, y compris le tems d'embarquement à bord du vaisseau-école, et qui, en outre, auront mérité par leur zèle et leur conduite les éloges de leurs chefs, seront susceptibles d'être promus aux places vacantes dans le grade de lieutenant de frégate.

Leur classement dans ce grade aura lieu d'après l'ordre de leur inscription sur les listes d'élèves de première classe. (Art. 15 et 16 de l'ordonnance du 31 octobre 1819.)

11. Les places vacantes dans le grade de lieutenant de vaisseau seront données aux lieutenans de frégate, les deux tiers à l'ancienneté et un tiers au choix. (Art. 9 de l'ordonnance du 31 octobre 1819.)

12. Les places vacantes dans les grades de capitaine de corvette et de capitaine de frégate seront données, un tiers à l'ancienneté et les deux tiers à notre choix.

13. Les avancemens aux grades de capitaine de vaisseau ainsi qu'à tous les autres grades supérieurs, seront tous à notre choix. (Art. 10 de l'ordonnance du 31 octobre 1819.)

14. Nul officier ne pourra avancer à l'ancienneté aux grades de lieutenant de vaisseau, de capitaine de corvette et de capitaine de frégate, s'il n'a, dans le grade immédiatement inférieur, au moins trois ans de services effectifs, dont deux ans de navigation.

15. Les capitaines de corvette au choix ne pourront être pris que parmi les lieutenans de vaisseau qui, ayant trois ans de services effectifs dans ce grade,

auront rempli les fonctions de premier lieutenant pendant une campagne d'un an au moins, sur un vaisseau de ligne, ou deux ans sur des frégates ou sur des corvettes de vingt-quatre canons et au-dessus.

Les deux années de service ci-dessus pourront être suppléées ou complétées par un tems égal de commandement d'un bâtiment affecté au grade.

16. Nul ne pourra être nommé, à notre choix, capitaine de frégate ou capitaine de vaisseau, s'il n'a commandé pendant deux ans au moins dans le grade immédiatement inférieur, et s'il n'a trois ans de service dans ce grade.

Les fonctions de second, exercées à bord d'un vaisseau de ligne par un capitaine de corvette, lui seront comptées, pour l'avancement au grade de capitaine de frégate, comme tems de commandement.

17. Nul capitaine de vaisseau ne pourra être nommé contre-amiral, s'il n'a pas commandé, dans son grade, pendant trois ans au moins.

18. Nul contre-amiral ne pourra être promu au grade de vice-amiral, s'il n'a commandé une escadre ou une division au moins pendant deux ans, en chef, ou pendant trois ans en sous-ordre.

19. Dans chacun des grades de la marine, le tems pendant lequel un officier aura exercé les fonctions de chef d'état-major d'une armée navale, escadre ou division, lui sera compté pour l'avancement au grade

immédiatement supérieur, comme tems de commandement du même grade.

20. Sont exceptés des conditions ci-dessus établies, les avancemens extraordinaires qui seraient accordés par nous en récompense d'actions d'éclat ou de services signalés. (Art. 16 de l'ordonnance du 31 octobre 1819.)

21. Les officiers-généraux placés dans le cadre de réserve ne seront pas susceptibles d'avancement.

22. Il ne sera plus accordé dans notre marine de grades honorifiques ni de grades à prendre rang, notre intention étant que tout grade et tout avancement soient effectifs, et que les officiers qui auront été promus prennent place dans les cadres constitutifs du corps, à dater du jour de leur nomination.

TITRE III.

Des Appointemens.

23. Le traitement d'activité à la mer et celui d'activité à terre pour les officiers de tous grades du corps de la marine, resteront tels qu'ils ont été fixés par les articles 18, 19 et 20 de l'ordonnance du 31 octobre 1819, en appliquant aux lieutenans de frégate les fixations relatives aux enseignes de vaisseau.

Le traitement des vice-amiraux et des contre-amiraux placés dans le cadre de réserve sera de la moitié de leur traitement d'activité à la mer.

Les appointemens à terre du grade de capitaine de corvette, créé par la présente ordonnance, seront de *trois milles franc par an.*

Le supplément de mer sera du tiers des appointemens, au lieu du cinquième pour les lieutenans de vaisseau qui rempliront à bord des vaisseaux de ligne, frégates et corvettes de vingt-quatre canons et au-dessus, les fonctions de premier lieutenant.

24. Le capitaine d'un bâtiment portant le pavillon d'un officier-général, recevra désormais les mêmes allocations que les capitaines des bâtimens à bord desquels il n'y aura pas d'officier-général.

25. Le chef d'état-major d'une armée navale et escadre ou division jouira, pendant l'exercice de ces fonctions, d'un supplément égal aux deux tiers de ses appointemens d'activité à la mer.

Tous les autres officiers, attachés, sous quelque dénomination que ce soit, aux officiers-généraux embarqués, recevront, quand ils seront pourvus d'une commission, un supplément égal à la moitié de leurs appointemens. (Arrêté du 16 brumaire an 12.)

26. Tout officier qui débarquera après une campagne d'un an ou plus, pourra obtenir, si les besoins du service ne s'y opposent pas, un congé de

six mois, pendant lequel il jouira des deux tiers de ses appointemens.

Il pourra également être accordé, en toute autre circonstance, aux officiers qui en feront la demande, des congés dont la durée n'excédera pas six mois; ces officiers jouiront pendant la durée de leur absence, de la moitié de leurs appointemens.

Les congés de cette dernière espèce ne seront délivrés aux lieutenans de vaisseau et aux lieutenans de frégate, qu'autant qu'il n'en résultera aucun dérangement dans le tour d'embarquement. (Art. 22 de l'ordonnance du 31 octobre 1819.)

27. Tout officier qui, à l'expiration de son congé, n'aurait pas rejoint son département, sera privé de ses appointemens, à dater du jour où il en aura dépassé le terme. (Art. 23 de l'ordonnance du 31 octobre 1819.)

28. Nul officier employé temporairement à des fonctions supérieures à celles de son grade, ne pourra prétendre qu'aux appointemens du grade dont il est réellement pourvu.

TITRE IV.

Des officiers auxiliaires.

29. Lorsque la totalité des officiers entretenus sera reconnue insuffisante pour les besoins des armemens, il y sera suppléé par des officiers auxiliaires choisis parmi les capitaines du commerce.

Ils ne pourront être appelés à notre service que comme lieutenans de frégate.

30. Les lieutenans de frégate auxiliaires ne pourront, en aucun cas, être employés à terre, même dans nos ports et arsenaux.

Ils jouiront, pendant toute la durée de leur embarquement, des mêmes émolumens et prérogatives que les lieutenans de frégate entretenus. (Art. 27 et 29 de l'ordonnance du 31 octobre 1819.)

31. Les lieutenans de frégate auxiliaires ne prendront rang qu'après tous les officiers entretenus du même grade. (Art. 30 de l'ordonnance du 31 octobre 1819.)

32. Les officiers auxiliaires seront susceptibles d'être admis à faire partie du corps de la marine, comme lieutenans de frégate entretenus ; ils pourront même être nommés directement lieutenans de vaisseau, lorsqu'ils auront mérité cet avancement par des services distingués ou par des actions d'éclat. (Art 31 de l'ordonnance du 31 octobre 1819.)

33. Il est défendu aux officiers-généraux commandant nos armées navales ou escadres, aux préfets maritimes et aux gouverneurs de nos colonies, de nommer des officiers auxiliaires ou provisoires.

Toutefois, s'il arrivait qu'un de nos bâtimens en relâche dans une colonie française, ou employé dans une expédition lointaine, n'eût plus le nombre d'officiers absolument nécessaire au service du bord, et qu'il ne fût pas possible d'y suppléer par des élèves ayant plus de quatre ans de navigation, le gouverneur de la colonie ou le commandant de l'expédition aurait la faculté de pourvoir, *pour la campagne*, aux places vacantes dans le grade de lieutenant de frégate seulement, à la charge par lui d'en rendre compte au ministre de la marine, et sous la condition expresse qu'il ne se trouverait pas dans la colonie, ni à bord des bâtimens, d'officiers entretenus disponibles. (Art. 32 de l'ordonnance du 31 octobre 1819.

TITRE V.

Correspondance de rang entre les officiers de la marine et ceux de l'armée de terre.

34. Le nouveau grade de capitaine de corvette correspondra à celui de chef de bataillon.

Il n'est rien changé pour les autres grades à ce qui a été établi par les ordonnances antérieures à la présente, en ce qui concerne la correspondance de rang entre les officiers de la marine et ceux de l'armée de terre.

L'assimilation réglée pour le grade d'enseigne de vaisseau, s'appliquera à celui de lieutenant de frégate qui le remplace.

TITRE VI.

De l'uniforme.

35. Il n'est rien changé à l'uniforme actuel des officiers de la marine.

Les lieutenans de frégate porteront l'uniforme qui était affecté aux enseignes de vaisseau.

L'uniforme des capitaines de corvette sera le même que celui des capitaines de frégate, sauf l'épaulette, qui, pour les premiers, sera celle de chef de bataillon.

Dispositions générales.

36. Jusqu'à ce que dans les cadres des capitaines de vaisseau et des capitaines de frégate, le nombre des officiers ait été réduit aux proportions déterminées par l'art. 1.er de la présente ordonnance, il ne sera fait de remplacemens dans ces grades qu'en raison d'une promotion pour deux vacances.

37. Les officiers de la marine, depuis le grade d'élève de 1re classe jusqu'à celui de capitaine de vaisseau inclusivement, seront tous attachés à l'un des ports de Brest, Toulon, Rochefort, Lorient et Cherbourg et devront y résider habituellement.

38. Sont et demeurent rapportées toutes les dispositions des anciennes ordonnances qui seraient contraires à celles de la présente.

39. Notre ministre secrétaire-d'état au département de la marine et des colonies, est chargé de l'exécution de la présente ordonnance, qui aura son effet à compter du 1.er mars 1831.

Donné à Paris, le 1.er mars 1831.

LOUIS-PHILIPPE.

Par le Roi :

Le ministre secrétaire-d'état au département de la marine et des colonies.

Comte D'ARGOUT.

www.ingramcontent.com/pod-product-compliance
Ingram Content Group UK Ltd.
Pitfield, Milton Keynes, MK11 3LW, UK
UKHW012312240726
13966UKWH00005B/1834

9 782011 941220